UNE HEURE

DES CENT JOURS.

Au mois de mars 1815, mon père était maire de
la ville d'Avallon. Au moment où Bonaparte y arriva,
un officier vint à l'Hôtel-de-Ville et s'étonna que le
Maire ne fut point déjà parti pour rendre ses hom-
mages à l'Empereur. Mon père lui répondit qu'il
n'avait prêté que deux sermens, l'un à Napoléon, qui
l'en avait délié par son abdication, l'autre au Roi,

et qu'il n'en prêterait pas d'autre. Un second officier se présenta quelques instans après, et se mit à rire de son scrupule : *belle chose qu'un serment ! j'en ai bien prêté sept dans ma vie, je crois* (et il comptait sur ses doigts) : *à Louis XVI, à la Nation, la Loi et le Roi, à la République, au premier Consul, à l'Empereur, à Louis XVIII et enfin à l'Empereur.* Un troisième officier conseilla au Maire de se rendre auprès de l'Empereur, au moins dans l'intérêt de la ville. Il s'y rendit en effet.

Je viens de trouver, par hasard, une note écrite de la main de mon père, contenant la relation de cette entrevue : je regarde comme un devoir de la publier sans y rien changer ; elle sera, je l'espère, un précieux souvenir pour les amis de mon père.

R. RAUDOT.

Sire, nous venons recommander la ville à votre indulgence.

= Vous êtes maire?

— Oui, Monsieur.

= Monsieur est votre adjoint?

— Monsieur est le sous-préfet.

= Depuis quand êtes-vous sous-préfet?

— Depuis   mois.

= Qui était sous-préfet avant vous?

— Monsieur Romain.

= Où est-il à présent?

— A Péronne, il est sous-préfet.

= Monsieur est-il adjoint?

— Monsieur est le commissaire de police.

— Sire, nous avons cru vous témoigner notre

empressement en nous occupant, avant tout, de la subsistance et des besoins de la troupe.

== Quels moyens avez-vous pris pour assurer les vivres? Avez-vous ici des magasins?

— Non, Monsieur; nous n'avons ici qu'un manutentionnaire, qui reçoit des farines du garde-magasin d'Auxerre, pour les convertir en pain. Dans ce moment il était au dépourvu, n'ayant que trois sacs de farine, mais nous avons ordonné à tous les boulangers d'avoir chacun chez eux constamment trois à quatre cents livres de pain confectionné, prêt à être livré aux habitans.

== Combien avez-vous de boulangers dans cette ville?

— Huit.

— Nous en avons dix, Monsieur; nous avons pris aussi la même précaution pour la viande, et les bouchers ont été prévenus d'avoir toujours chez eux deux à trois cents livres de viande.

== C'est bien.

— Sire, nous aurions à vous demander une grâce; ce serait qu'à votre passage à Auxerre, vous voulussiez bien faire donner des ordres au garde-magasin des vivres, pour qu'il mît sur-le-champ à la disposition de notre manutentionnaire une certaine quantité de sacs de farine, car les habitans sont bien écrasés par les passages, et ont grand besoin qu'on vienne à leur aide.

== Cette réclamation est juste; je ferai donner des ordres..... Que dit-on ici de Paris?

— Les voyageurs qui ont passé ces jours derniers disent tous que Paris est tranquille, et qu'on y est dans une grande sécurité. On est loin de se douter de la rapidité de votre marche. Tous ces voyageurs parlaient de l'enthousiasme qui régnait à Paris pour le Roi, et des dispositions favorables des cinq régimens qui composent la garnison.

== J'ai déjà reçu des adresses de félicitation et des assurances de dévouement de quatre de ces cinq régimens, et le général Maison m'a écrit, il y a quelques jours, pour me demander la permission de faire une proclamation dans un sens royaliste, je le lui ai permis.

— Le prodige de votre retour ne sera pas le moindre de votre histoire, déjà si féconde en prodiges. Vous arrivez avec la rapidité de l'éclair; Vous étiez à Lyon et nous ignorions que vous fussiez en France; vous êtes ici aujourd'hui, et ce matin nous vous croyions encore à Lyon. Nous vous avouons que cette rapidité étonne singulièrement nos consciences.

== Oui, notre marche est assez rapide; mon avant-garde est aujourd'hui à Joigny.

—Nous nous sommes bien doutés hier que le 14me. régiment et que les lanciers de Joigny étaient à vous.

= Je rentre en France où j'ai mon armée ; partout elle reçoit mes ordres et y obéit : il ne peut y avoir et il n'y a de résistance nulle part..... Les cours royales mêmes de Grenoble et de Lyon ont senti qu'il était inutile de s'exposer à être persécutés..... Dans six ou huit mois, vous auriez eu une révolution terroriste dont aucun de ceux qui sont à la tête des affaires n'aurait pu diriger les résultats d'une manière favorable à la France. Le Roi est un bon homme, il a des moyens, d'assez bonnes vues ; mais il est entouré de gens qui le trompent, d'une noblesse féodale qui le fait agir dans un sens contraire à la révolution, dont il fallait suivre les mouvemens ; les autres princes sont des bêtes. Le duc d'Orléans a plus de moyens ; peut-être eut-il su tirer quelque parti des événemens, mais il aurait travaillé pour lui, et je savais même que déjà il tramait quelques complots...... Moi seul, je pouvais éviter à la France les maux dont elle était menacée, et j'ai quitté l'île d'Elbe..... J'ai passé la mer sur des barques semblables à celles dont vous vous servez pour transporter vos denrées sur les canaux ou sur les fleuves, et je suis venu au travers des flottes ennemies, avec six cents hommes, débarquer en Provence....... Mon calcul a été celui-ci : Si le peuple et l'armée ne sont pas pour moi, à la première rencontre trente ou quarante de mes hommes seront tués, le reste mettra bas les armes, je n'existerai plus, et la France sera tranquille..... Si le peuple et l'armée sont pour moi, comme je l'espère, le premier bataillon que je rencontre donnera le signal en se jetant dans mes bras, tout le reste suivra, et la révolution sera terminée à dater de ce moment.

— Puisque vous avez commencé cette entreprise, achevez-la donc assez rapidement pour qu'il n'y ait pas effusion de sang, et que nous n'ayons pas la guerre civile et la guerre étrangère.

= J'espère bien qu'il n'y aura pas un seul coup de fusil de tiré : Quelle résistance pourrait m'être opposée? L'armée entière est pour moi; le maréchal Ney m'a amené ses troupes; vous verrez sa proclamation, elle est fort bien faite. J'ai quarante mille hommes sur cette route; le maréchal Oudinot marche avec ma garde sur Paris : le peuple partout m'accueille comme un libérateur. Je suis venu de Grenoble ici en chantant; plus de trois mille chansons ont été faites par les paysans en mon honneur ; elles ne sont pas merveilleuses par la facture, mais elles sont excellentes par le sentiment, c'est le langage du cœur. Vous entendrez demain vos paysans, ils en auront sûrement composé aussi pour moi......

= J'entrerai à Paris comme je suis entré à Grenoble et à Lyon ; la garnison de Paris et les chefs sont à moi ; la garde nationale m'est à moitié dévouée..... La maison du Roi est composée de vieillards et d'enfans..... On parle de la Vendée, mais dans ce pays, la guerre n'y peut plus être ce qu'elle y a été. C'était alors une guerre plébéienne. C'étaient des gardes-chasse, des meûniers, qui étaient les chefs de l'insurrection. Aujourd'hui on voudrait que les peuples combattissent pour relever la féodalité, et sous les ordres de gentilshommes dont ils possèdent les biens, et qui voudraient les leur reprendre. La Vendée ne troublera point mon entreprise, et j'aurai achevé assez tôt pour arriver à la frontière avant les armées étrangères.

— Mais, Sire, que deviendra donc le Roi? Que deviendront les princes? Ils retourneront donc en Angleterre?

= Ah! ah!

— Des voyageurs arrivés il y a deux jours, de Dijon, nous ont dit que la malle de Genève avait manqué, qu'on attribuait ce manque de courrier à l'occupation de cette ville par les Autrichiens, et ils ont ajouté que le bruit circulait, au moment de leur départ, que l'Autriche était d'accord avec vous.

= Je ne suis d'accord avec personne qu'avec le peuple et l'armée; aucune puissance n'agit de concert avec moi; je n'avais pas besoin de l'étranger, et je n'aurais pas voulu l'appeler pour m'aider à reconquérir mon empire. Mais j'ai choisi un moment favorable : Au congrès, il y avait des difficultés entre les plénipotentiaires; l'Italie était en combustion; la Russie avait rappelé ses troupes dans le Nord; la Prusse venait de retirer les siennes des bords du Rhin; il y a bien quelques Anglais en Belgique, mais la session du parlement venant de s'ouvrir, les ministres ne peuvent en ce moment entamer une guerre extérieure sans que les chambres en aient délibéré. J'avais devant moi tout le temps nécessaire.

(On criait de dehors : *Vive l'Empereur!* et quelques voix : *Plus de droits réunis.*)

= Ils disent tous cela : *plus de droits réunis!* Probablement que cet impôt ne convient point à la nation française..... Je verrai à arranger cela..... Cependant, en Angleterre, ce sont des impôts de ce genre qu'on préfère, et les contributions qui pèsent sur les fonds excitent des plaintes..... Chaque nation doit être imposée suivant son caractère. Les Anglais ont de meilleures têtes que nous, des têtes plus pensantes, mais nous sommes un meilleur peuple.

— La rigueur de cet impôt est fort atténuée à présent.

— Oui, mais la forme reste, et cette forme est ce qui frappe davantage le peuple.

= Vous avez raison..... Ils m'ont demandé partout de l'abolir, mais je n'ai rien promis..... Je ne flagorne point le peuple, je ne lui promets rien. . . . .

Le Roi et les princes ont manqué à leurs promesses. Ils ont avili l'armée et la gloire nationale..... Ils ont jeté dans l'esprit du peuple des craintes sur la propriété des biens nationaux..... Le Roi n'a rien fait, à la vérité, de positif pour les décréditer, mais on a souffert que les journaux bavardassent à ce sujet; qu'à la tribune des députés on laissât échapper des mots équivoques; les princes se sont entourés de gens qui n'étaient plus Français, puisqu'ils combattaient depuis vingt-cinq ans contre la France..... Tous les honneurs ont été pour ces gens-là : une partie des biens affectés à la Légion-d'Honneur a été destinée aux chevaliers de

Saint-Louis ; un des premiers actes du Roi a été de supprimer la maison des orphelins de la Légion..... Vingt mille officiers étaient sans emploi, on a créé officiers trois à quatre mille jeunes gens qui n'avaient jamais servi et qui étaient destinés à sortir successivement de la maison du Roi pour remplacer les anciens officiers de l'armée..... Les étrangers eux-mêmes étaient étonnés de l'avilissement où l'on voulait plonger ceux à qui la France devait tant de gloire.... Les princes auraient dû se rendre populaires, ils ne l'ont point fait..... Henri IV remontant sur le trône, changea de religion, et ce grand changement offrait à ses peuples des motifs de sécurité et de soumission : le Roi, en rentrant en France, aurait dû oublier d'anciennes idées, et s'identifiant avec cette révolution dont la marche n'avait pu être arrêtée, gouverner d'une manière populaire pour s'attacher les peuples..... Mais le Roi et les princes n'avaient point connu la révolution non plus que les hommes rentrés avec eux ; ils ne pouvaient pas la connaître, et étaient par conséquent incapables de gouverner la France dans les circonstances présentes. Ce soin ne peut appartenir qu'à une dynastie née dans le sein même de cette révolution.

— Les Bourbons ont peut-être eu la main trop molle pour des temps semblables à ceux où nous vivons.

= Oui, il faut pour gouverner la France une main plus ferme..... Si je l'avais vue tranquille et heureuse sous le gouvernement des Bourbons, je serais resté dans mon île, j'étais bien, je n'avais plus d'ambition. Mais j'ai vu l'armée indignée d'obéir à un souverain imposé par l'étranger, exaspérée de ce qu'on cherchait à obscurcir l'éclat de ses immortelles journées, qui font la gloire de la nation; de ce que les honneurs, les récompenses étaient pour les gens qu'elle a combattus vingt-cinq ans, et la honte et l'obscurité pour elle..... J'ai vu le peuple tellement inquiet sur les biens nationaux, que dans un an il s'est opéré pour quarante millions de ventes aux anciens propriétaires; je l'ai vu agité de craintes sur le retour des droits féodaux, du servage; une révolution terrible était sur le point d'éclater, j'ai senti que je devais à ma gloire et à la France de venir l'empêcher ou en diriger les effets......

= J'ai lu là-bas tous les pamphlets qu'on a écrits contre moi..... Cela m'a beaucoup diverti; j'ai eu beaucoup de plaisir surtout à lire ceux où on me traitait le plus mal..... Ils ne nuisaient pas à ma cause...... Ils m'ont appelé un lâche !

— Sire, votre armée connaissait bien le contraire.

— On n'avait pas oublié le pont de Lodi.

= Le Roi m'a mis hors la loi, m'a déclaré traître et rebelle. Le Roi n'avait point ce droit; je suis souverain comme lui, reconnu par toutes les puissances; je suis le souverain de l'île d'Elbe, qui viens avec six cents hommes attaquer le roi de France avec ses six cent mille soldats..... Je conquiers son royaume, cela n'est-il pas permis entre souverains ?......

= Je n'ai eu d'autre communication ou correspondance avec la France que le Moniteur et les journaux : c'est là que j'ai vu les fautes et les erreurs du gouvernement..... La noblesse française n'a pas su se mettre à la tête du peuple; elle s'est isolée de lui comme autrefois, elle l'a choqué..... La noblesse anglaise a su dans tous les temps conserver sa prépondérance en se familiarisant avec les simples citoyens, en se mêlant avec eux dans les tavernes.... La noblesse française n'a pas vu qu'elle sortait d'une révolution, et n'a pas senti ce qui lui était nécessaire pour se soutenir..... A mon arrivée, les paysans, les négocians sont venus se plaindre de la morgue de cette noblesse féodale, de ses prétentions.....

On m'a parlé aussi des prêtres..... Je verrai tout cela.....

= L'an dernier, lorsque le duc de Raguse, par sa trahison, livra Paris à l'ennemi, j'avais encore autour de moi une armée formidable..... Des chefs, des soldats qui m'étaient dévoués à la vie et à la mort..... J'aurais pu organiser une guerre civile dont l'issue aurait été difficile à prévoir, je ne le voulus pas.

— Sire, nous le craignions beaucoup, car nous sentions bien que nos pays, couverts de montagnes et de bois, voisins de pays semblables, dans lesquels vous vous fussiez sans doute retiré, auraient été exposés à être le théâtre continuel de cette guerre.

= Je voulus épargner ces maux à la France, et j'eus recours à une ruse de guerre, qui me conservant à mes peuples et les conservant à moi, devait sauver la France du partage et la délivrer de l'ennemi.

= Cent fois j'ai été sollicité par les Italiens de venir débarquer chez eux, et me mettre à leur tête...... Quatre-vingt mille soldats m'attendaient..... Je leur répondis que j'étais satisfait de l'île d'Elbe..... Je n'étais pas obligé de leur dire mon secret, mais je devais me réserver pour mes fils aînés.......

= A trois lieues de Grenoble, je rencontre pour la première fois un bataillon. Ce bataillon était retranché sur une colline, et avait ordre de n'écouter aucun parlementaire..... Je jette ma capote, je m'avance sous le retranchement, je crie aux soldats : me reconnaissez-vous, camarades? Allons, faites feu, tirez sur moi, sur votre Empereur..... A l'instant les fusils sont en l'air, les soldats sautent par dessus le retranchement pour arriver plutôt dans mes bras..... Dès ce moment tout fut décidé !..... Le commandant de cette troupe n'osait se présenter devant moi; je le fis venir, je le rassurai : je ne vous en veux pas, lui dis-je, vous êtes un brave homme, je vous connais, servez-moi fidèlement..... Un soufflet d'amitié fut toute sa punition.....

= A Lyon, Monsieur le comte d'Artois faisait tous ses efforts pour engager la garnison à m'attaquer. Il avait fait distribuer à chaque soldat deux petits écus. On les avait pris, mais on n'était pas plus disposé à seconder ses désirs. Il s'approche d'un vieux dragon, couvert de blessures, portant trois chevrons, et cherche à exciter son zèle pour la cause royale. Je ne combats point pour les traîtres, lui répond le dragon ; c'est l'ennemi qui vous a amené parmi nous, que l'ennemi vous défende ! Le moment est venu de vous dire la vérité......

= J'ai passé une revue à Lyon..... Ils étaient étonnés de me voir gourmander le soldat et le chef : c'est comme autrefois, disaient-ils ; il passe la revue comme avant son départ ! Pensaient-ils que je dusse flatter l'armée ? Non, ce n'est point ainsi que je m'attache le soldat..... Il sait bien qu'un reproche ou une punition de ma part sont souvent une marque d'amitié.....

= De Lyon j'ai réglé ce qui doit être fait : Je casse la chambre des Pairs, parce qu'elle est composée en partie de gens qui n'ont eu pour titre d'admission que celui d'avoir porté les armes contre leur patrie pendant vingt-cinq ans. Je casse la chambre des Députés, parce que leurs pouvoirs sont expirés, et que n'ayant pas été réélus d'une manière légale, ils ne sont plus les représentans de la Nation. Je supprime toute noblesse féodale ; je dissous la maison du Roi....

Je convoque à Paris, en assemblée du Champ de Mai, tous les colléges électoraux ; je réunis ainsi trois cent mille hommes autour de moi, et je ne crains point que leur vœu soit manifesté. Les Bourbons ne l'ont pas osé, et je l'ose.

En sortant de la chambre où Bonaparte donnait audience, mon père remit sa démission au général Bertrand.

A peine s'il s'est jamais douté qu'il eut fait une belle action. Et cependant Bonaparte s'arrêtant étonné devant la conscience courageuse d'un fonctionnaire obscur, Bonaparte, ce grand contempteur des hommes, estimant cette conscience ; assez haut pour descendre à lui présenter la longue justification de son triomphe, n'est-ce pas là un rare spectacle, dont le souvenir mérite d'être conservé ?

Imprimerie de COMYNET, à Avallon. — 1833.